BIBLIOTHÈQUE ARTISTIQUE

LA
PHOTOGRAPHIE
POUR TOUS
APPRISE SANS MAITRE

LA
PHOTOGRAPHIE

POUR TOUS

APPRISE SANS MAITRE

PAR

L. MULOT ET CASIMIR-LEFEBVRE

CHIMISTES-PHOTOGRAPHES

(Médailles d'argent pour les impressions)

DEUXIÈME ÉDITION

REVUE ET CORRIGÉE

> Le dessin est un des plus excellents ouvrages de l'esprit.... Il n'y a donc rien que l'homme doive plus cultiver.
> BOSSUET.

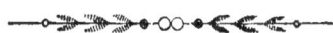

PARIS

DESLOGES, ÉDITEUR, 4, RUE CROIX-DES-PETITS-CHAMPS

—

1860

LAGNY. — Typographie de A. VARIGAULT et Cie.

PRÉFACE

Chaque jour donne naissance à une infinité d'ouvrages, plus ou moins importants, traitant de la photographie, mais, généralement, chacun d'eux renferme un *système personnel,* cherchant à se faire prévaloir ; aussi avons-nous cru utile, dans l'intérêt de ceux qui désirent se livrer à la photographie, soit en artistes, soit en amateurs, de faire connaître, en quelques chapitres et le plus clairement qu'il soit possible, en théorie, les procédés qui, d'après des hommes compétents s'occupant exclusivement de cet art, sont les plus simples et les meilleurs. Personne aujourd'hui n'ignore les bienfaits réels de la photographie, qui met à la portée de tous les artistes une infinité d'études qu'ils ne pouvaient aborder, souvent même à cause de leurs ressources pécuniaires. Après de pareils résultats, c'est presque un devoir de mettre à la portée de tous un acte si fécond en renseignements, et nous espérons avoir rempli le but que nous nous proposions, en démontrant ici les premières notions photographiques que la pratique seule peut compléter.

L. M. ET C. L.

INTRODUCTION

Avant d'obtenir une épreuve *positive* sur papier, il faut en exécuter d'abord une *négative*. L'on entend par *négative* l'image où toutes les choses se trouvent reproduites dans le sens opposé de ce qu'elles sont en nature ; c'est-à-dire que les parties obscures se présentent sous l'aspect de teintes plus ou moins transparentes : le blanc, par exemple, se présente noir, et le noir, blanc. Une épreuve *négative* doit être examinée par transparence ; cela se conçoit, puisqu'il faut que la lumière la traverse pour impressionner la feuille sensibilisée qui doit former l'épreuve *positive*.

Pour l'épreuve faible sur verre, il n'en est pas de même ; car, si vous l'examinez à plat, elle vous donne la représentation de la *positive*, n'offrant aucune transposition dans les teintes différentes, ce qui, malgré cela, n'empêche pas que votre papier et votre glace ne soient propres à la reproduction de l'épreuve positive. Les épreuves négatives produites sur papier peuvent s'obtenir par deux procédés différents, procédé humide, procédé sec.

DE LA PHOTOGRAPHIE

Papier sec.

Pour les épreuves sur verre, devant indiquer le moyen qui a été jugé le meilleur, nous nous bornerons à ne parler que du collodion.

Pour les épreuves négatives sur papier sec, il faut avoir soin de choisir son papier exempt de petites taches, et éviter surtout celui qui serait piqué.

En regardant le papier par transparence, il sera aisé d'en reconnaître la trame ; puis vous marquez avec un crayon l'un des angles, et, de cette façon, vous avez l'indication de l'envers de votre papier, que vous serrez soigneusement. Maintenant, voici ce que vous avez à faire pour obtenir des épreuves négatives sur papier.

Vous commencez par lui faire subir l'opération du cirage et du décirage : sur un fourneau allumé, vous placez la bassine en fer battu pleine d'eau ; puis vous mettez dessus la cuvette en cuivre plaqué d'argent, dans laquelle vous avez mis quelques pains de cire vierge.

Lorsque la cire est fondue, vous prenez une petite carte, avec laquelle vous effleurez la surface pour en enlever les impuretés ; ensuite vous prenez votre feuille de papier, coupée de la grandeur de votre châssis, par les deux angles marquant sa largeur, et vous la passez doucement sur votre cire liquide. Quand le papier est uniformément imprégné de cire, on le tire lentement à soi par un seul angle, pour que la chaleur retienne le plus de cire possible, afin qu'il n'y en ait pas en excès sur la feuille.

Pour décirer, vous prenez un cahier de papier buvard rouge, et vous placez entre le premier et le deuxième feuillet une de vos feuilles de papier ciré, le côté préparé en dessus, et recouverte d'une feuille semblable, mais non cirée ; puis vous passez sur le buvard un fer chaud, en le promenant rapidement comme pour repasser du linge ; de cette façon, vous obtiendrez presque toujours deux feuilles cirées. Si, après cette opération, votre seconde feuille n'était pas assez cirée, il faudrait l'appliquer sur une nouvelle feuille imprégnée de cire, et repasser le fer chaud de nouveau. Vous terminez en repassant chaque feuille séparément après l'avoir placée entre deux feuilles propres de buvard, et vous ne vous arrêtez que lorsque chaque feuille offre une transparence égale sur toute son étendue : il faut éviter, lorsque vous serrez votre papier, qu'il se trouve froissé, car il se casse très-facilement ; les cassures peuvent toutefois s'effacer par un nouveau repassage. On trouve du papier ciré chez tous les fournisseurs d'articles photographiques ; mais, en le fabriquant soi-même, on serait plus sûr de l'avoir dans des conditions irréprochables.

Ioduration du papier.

Votre papier étant ciré, il faut lui faire subir une opération qui lui donne de la consistance et l'apprête à la sensibilité ; pour cela, vous le passez dans un bain d'iodure et d'encollage dont voici la composition :

Iodure de potassium,	40 grammes.
Sérum ou petit lait,	1 litre.
Sucre de lait,	30 grammes.
Cyanure de potassium,	50 centigr.
Fluorure id.	50 —

Puis vous faites dissoudre toutes ces substances ensemble et les laissez reposer pendant une heure environ. Au bout de ce temps, vous les filtrez, en ayant soin de laisser au fond du flacon le dépôt qui s'y est formé, et d'y reverser, lorsque vous vous en êtes servi, votre solution, qui se charge de nouveau des matières substantielles qu'elle aurait perdues. Vous prenez alors une cuvette, dans laquelle vous versez votre solution en quantité analogue au nombre de feuilles que vous voulez préparer, et que vous immergez complétement une à une. Mais comme elles ont subi l'opération du cirage, et que la nature de la matière dont elles sont enduites est grasse, elles surnagent à la surface du liquide ; il faut ensuite exercer une pression avec les doigts, qui doivent être d'une propreté excessive, et que l'on a eu soin, pour plus de sûreté, de laver dans une solution faible de cyanure : les feuilles ainsi refoulées et entièrement imprégnées, en évitant les bulles d'air, qui, si l'on n'avait pas le soin de les faire disparaître, laisseraient autant de taches, vous les laissez dans le bain au moins une heure.

Quoique ce temps paraisse un peu long, il est cependant indispensable pour mener cette opération à bonne fin ; et on le comprendra facilement, quand on saura que la saponification produite par l'action de l'iodure sur la cire est assurée.

Au bout de ce temps, vous retournez tout le paquet

de feuilles qui se trouve dans votre bain, de façon que celle de dessus se trouve dessous, puis vous les retirez en les prenant par les deux angles, les laissant s'égoutter un instant, et ensuite les laissant sécher en les suspendant par l'un des angles au moyen d'une épingle. Ce papier, lorsqu'il est sec, prend une teinte chamois plus ou moins foncée, suivant la quantité d'amidon ou d'alun que contient son encollage. Il est certains cas même où différents papiers, préparés dans la même solution, diffèrent par leur teinte, qui est tantôt jaune, tantôt violet foncé ; au surplus, ceci n'ôte rien à la qualité du papier. Une fois sec, il est utile de le conserver dans un endroit parfaitement clos et à l'abri de l'air.

Sensibilisation.

Cette opération consiste à rendre le papier sensible à l'action de la lumière, et, pour qu'elle ait tout son effet, il faut qu'elle ait lieu dans un appartement ne recevant aucun jour du dehors, et que vous éclairez au moyen d'une bougie.

La solution sensibilisatrice est composée ainsi qu'il suit :

Eau distillée,	150 grammes.
Azotate d'argent (nitrate),	10 —
Acide acétique,	12 —

Vous versez de cette solution dans une cuvette affectée à cet usage, en quantité suffisante pour immerger une feuille, et vous opérez de la manière suivante :

Vous appliquez sur votre bain sensibilisateur une de vos feuilles iodurées ; aussitôt que cette feuille est sur ce bain, elle se décolore, et les extrémités se roulent sur elles-mêmes. Lorsqu'elles sont déroulées, vous retournez la feuille, afin de la plonger des deux côtés dans la solution, l'y laissant jusqu'à ce qu'elle devienne transparente, effet qui a lieu quand l'iodure qui est incorporé dans votre papier se transforme en iodure d'argent : à ce moment, le papier devient sensible dans toutes ses parties ; les bulles d'air doivent être évitées aussi avec soin, car ces endroits seraient autant de nullités dans l'image.

Quand votre feuille est complétement *nitratée*, vous la retirez, et la plongez dans une autre cuvette remplie d'eau distillée, à laquelle vous donnez un mouvement d'oscillation pour débarrasser la feuille de l'excès de nitrate d'argent. Pour bien laver ces feuilles, il est bon de les plonger les unes après les autres dans cette eau distillée, et conserver cette première eau de lavage ; il ne faut pas craindre de les laver deux ou trois fois ; seulement, l'eau provenant de ces derniers lavages peut être jetée, car elle ne contient presque plus de nitrate d'argent. Il n'y a aucun danger, en les lavant de la sorte, de les détériorer ; car l'iodure d'argent, qui s'est formé par le contact de l'iodure de potassium et du nitrate d'argent, est un sel complétement insoluble dans l'eau, mais soluble dans une solution d'iodure de potassium ou de nitrate d'argent; ce qui doit faire remarquer de ne pas laisser dans le bain sensibilisateur le papier ioduré plus de temps qu'il n'est précité, car le sel sensibilisateur (*nitrate*), à la longue, finirait par s'y dissoudre et par cela même ôterait l'action indispensable pour l'obtention de l'image.

Les feuilles de papier, après avoir subi ces lavages, sont retirées une à une et mises dans un cahier de papier buvard rose, où l'on devra les faire sécher entièrement, en les changeant plusieurs fois de ce papier, jusqu'à ce que l'humidité en soit entièrement disparue. Cette opération terminée, vous conserverez vos feuilles sensibilisées dans un autre cahier de buvard sec, chaque feuille séparée et totalement à l'abri de la lumière. Ces feuilles se conservent sans altération une quinzaine de jours ; cependant, il est préférable de les employer récemment préparées.

Pour soumettre à l'action photogénique l'une de vos feuilles, vous la placez entre deux glaces, dans un châssis construit à cet effet, en la passant de manière à ce qu'elle offre une surface entièrement unie, sans le moindre pli. Pour plus de précaution, vous mettez derrière une ou deux feuilles de buvard, afin d'aider l'adhérence parfaite.

Exposition à la chambre noire.

Votre châssis garni, il vous faut exposer la feuille sensibilisée à l'action de la lumière, qui est produite au moyen de la chambre noire.

Après avoir mis au *point* l'objet que vous désirez reproduire, opération délicate d'où dépend presque toujours la netteté de l'image, et qu'il faut observer de bien exécuter, votre mise au *point* étant bien arrêtée, vous enlevez la glace dépolie sur laquelle venait se refléter votre objet, et vous la remplacez par le châssis renfermant la feuille de papier préparé, et, au moyen du volet que vous tirez, vous laissez agir la lumière, aidée physiquement par l'objectif, le temps nécessaire à l'impression de l'objet sur votre feuille.

Le temps de *pose* ne peut être évalué qu'approximativement, et pourtant c'est une des choses les plus nécessaires à bien se rendre compte, car de là dépend l'effet que doit avoir l'épreuve (nous en donnerons l'explication au chapitre suivant). Seulement, le temps peut être évalué par à peu près, comme suit : avec un appareil à vue et un diaphragme de 2 centimètres, le soleil éclairant, la pose est de cinq à six minutes; pour des sujets couverts par l'ombre ou dans des intérieurs, la pose peut varier de plusieurs heures, selon l'intensité de lumière des lieux où l'on se trouve placé.

Quand on aura des reproductions à faire, et que l'on voudra grossir les objets, la pose sera toujours plus longue que pour les objets d'après nature, attendu que, le foyer de l'appareil se trouvant plus long, la lumière se trouve plus prolixe. Il est d'ailleurs impossible de donner des quantités de temps : tout ce que l'on essayerait de décrire ne saurait être vraisemblable; la variation incessante de la lumière est si grande, que l'expérience seule peut donner la mesure du temps que l'on doit poser, et encore arrive-t-il souvent que l'œil le plus expérimenté se trouve trompé.

Votre papier ayant été exposé à la lumière le temps jugé nécessaire, vous refermez le châssis, et, de retour à votre laboratoire, vous faites apparaître l'image. Cette opération peut se faire immédiatement, ou au bout de quelques jours, suivant que le papier est plus ou moins récemment préparé, et cela sans inconvénient.

Développement de l'image.

Quand vous retirez votre feuille de papier impressionné, aucune trace d'image ne s'y fait remarquer, l'iodure d'argent se trouvant faiblement impressionné.

Mais, mis en contact avec la solution suivante,

Eau distillée,	1,000 grammes.
Acide gallique,	4 —

toutes les parties frappées par la lumière deviennent noires par la formation du gallate d'argent. Vous plongez votre feuille dans une cuvette contenant la solution ci-dessus, en l'immergeant des deux côtés; l'image ne commence à apparaître qu'au bout d'un quart d'heure, si l'épreuve a posé le temps nécessaire; les parties où la lumière a fait subir son action commenceront à se dessiner en bistre, et dix minutes après, afin d'accélérer la venue de l'épreuve, vous prendrez 10 *grammes* de l'eau qui vous a servi à laver vos feuilles au sortir du bain de nitrate, et vous la mélangerez avec l'acide gallique contenu dans la cuvette; aussitôt les parties bistres prendront une teinte noire, et l'image s'accentuera de plus en plus. Quand toutes les parties de l'épreuve vous seront apparues, et que celles frappées par la lumière vous auront semblé offrir assez d'opacité pour arrêter son action, vous en arrêterez les progrès en la plongeant dans une cuvette d'eau distillée.

L'épreuve étant arrivée à la vigueur voulue, avec ce traitement elle pourra être considérée comme bonne pour une négative rendant tout l'effet du sujet que l'on a voulu reproduire : car il arrive que, lorsque l'on a manqué de poser le temps nécessaire, on peut aider l'épreuve à venir vigoureuse en la renforçant deux, trois, et même quatre fois de nitrate d'argent; c'est-à-dire que si, après la première opération, elle n'a pas acquis sa valeur, vous remplacez cette solution, qui est devenue trouble et qui de plus a formé un dépôt, par une nouvelle.

Il est aussi très-important de ne pas laisser l'épreuve dans une solution formant un précipité : les blancs deviendraient gris et finiraient par se tacher. Pour obvier au manque de pose, les parties frappées par la lumière se chargent toujours de plus en plus de *gallate d'argent*, et finissent par ne plus laisser de transparence ; tandis que les ombres, au contraire, n'ayant pas eu le temps de s'impressionner, restent transparentes sur le *cliché,* ce qui ne donne, pour l'épreuve positive sur papier, que des blancs et des noirs, formant très-souvent des effets de neige, à côté de parties complétement empâtées.

Si vous avez dépassé le temps de pose, l'effet tout contraire se produira, et il peut arriver que l'image, au sortir du châssis, paraisse, et que, plongée dans l'acide gallique, tout vienne, au bout de quelques minutes, sans vigueur et ayant l'aspect d'un gris général ; il est alors impossible d'y remédier, et, de plus, l'image a perdu sa finesse.

Fixage.

Lorsque vous avez lavé vos épreuves négatives à plusieurs eaux et laissé séjourner environ vingt minutes dans la dernière eau pour les faire dégorger entièrement, vous les mettez dans un bain composé de :

Eau filtrée,	1,000 grammes.
Hyposulfite de soude,	150 —

et vous les laissez un quart d'heure en agitant la cuvette pour aider à la dissolution de l'iodure d'argent ; puis, vous les lavez en les laissant se dégorger d'hyposulfite, pendant une heure, en changeant l'eau plusieurs fois, et enfin vous les passez au papier buvard pour les sécher.

L'épreuve une fois sèche paraît grenue, et, pour lui rendre sa transparence et sa finesse, il suffit de passer un fer chaud, comme vous l'avez fait pour le cirage de votre papier.

Papier humide.

La préparation du papier humide diffère peu de celle du papier sec; aussi, ne nous étendrons-nous pas longuement sur ce chapitre, le papier étant destiné spécialement aux portraits; du reste, il est peu employé aujourd'hui, le verre donnant des résultats bien supérieurs.

Elle consiste d'abord à tremper ses feuilles, sans être cirées, dans le bain d'iodure qui vous a déjà servi pour le papier sec; vous les plongez des deux côtés et les laissez dix minutes, puis vous les faites sécher, comme il a été indiqué dans le chapitre précédent; ce papier, ainsi préparé, se conserve indéfiniment.

Pour le sensibiliser, faites la solution suivante :

Eau distillée,	100 grammes.
Nitrate d'argent,	10 —
— de zinc,	4 —
Acide acétique,	6 —

Vous couvrez seulement la surface d'une cuvette de cette solution, et vous y appliquez l'endroit de la feuille seulement; vous la laissez trente secondes, ayant soin de relever votre feuille plusieurs fois par l'angle, afin d'aider à la formation de l'iodure d'argent; en la retirant, il faut éviter de laisser passer le nitrate derrière, et vous la posez sur une glace qui a été recouverte d'un papier buvard imbibé d'eau distillée, ce qui le rend adhérent à la glace ; vous posez votre feuille de papier sur ce buvard (la face préparée en dessus), en la soulevant par un de ses angles pour chasser les bulles d'air qui pourraient s'y former, puis vous placez la glace dans le châssis et opérez immédiatement : par ce procédé, avec un appareil à vue et en dix secondes, vous obtiendrez un portrait à l'ombre.

Apparition de l'image, fixage et cirage.

Vous faites apparaître l'image avec la même solution indiquée pour le papier sec, en versant dans votre cuvette de quoi recouvrir le fond seulement, puis vous retirez la feuille du châssis et vous posez la surface impressionnable sur votre solution. L'image apparaît immédiatement, si elle est venue dans toutes ses parties, mais paraissant faible. Pour une négative, vous renforcez avec :

Eau distillée,	100 grammes.
Nitrate d'argent,	3 —

Dans tous les cas, lorsqu'il y a trop ou pas assez de pose, suivez la même méthode que pour le papier sec.

Lorsque l'épreuve est arrivée à son apogée, vous la lavez et la fixez, comme il est indiqué pour le papier sec.

L'épreuve, ainsi terminée, pourrait servir au besoin ; mais, pour lui donner plus de détails et de transparence, vous la cirez comme à l'opération du cirage, ou bien encore, grattant dessus un peu de cire et recouvrant le tout d'un papier buvard, vous passez à la surface un fer chaud, puis vous enlevez l'excédant de la cire avec un papier buvard.

COLLODION.

Parmi tous les procédés connus et en vigueur, les plus beaux résultats pour la photographie sont ceux donnés par le collodion : la délicatesse, la douceur du modèle, les transpositions de ton, les demi-teintes, les clairs-obscurs, tout ce qui, en un mot, satisfait l'art, y est rendu avec la plus scrupuleuse exactitude, et, de plus, l'une de ses propriétés, qui n'est pas la moins essentielle, est la vitesse, qu'aucune des autres liqueurs sensibilisatrices n'a pu remplacer.

Aussi n'hésitons-nous pas à engager ceux qui veulent s'occuper de cet art et arriver promptement à obtenir des résultats parfaits, de travailler spécialement le collodion.

Le collodion est une matière visqueuse, formée par une dissolution de *coton azotique* dans de l'*éther sulfurique* et de l'*alcool*.

Pour préparer le coton azotique, vous prenez :

    Acide sulfurique,   600 grammes.
    Nitrate de potasse en poudre,   400   —

que vous mélangez dans une terrine avec une baguette de verre. Quand ce mélange s'opère, il forme une bouillie épaisse ; puis vous y ajoutez, par petites parties, du coton cardé, jusqu'à ce qu'il ne puisse plus en tenir imbibé dans le mélange ; remuez le tout, afin que toutes les parties de coton se trouvent attaquées par l'acide.

Vous laissez ce mélange pendant dix minutes ; alors vous retirez, au moyen de la baguette, votre coton, que vous plongez dans une eau courante, puis vous l'étreignez de manière à en faire sortir les grumeaux de *sulfate de potasse* qui se sont formés pendant l'opération, et vous continuez à laver, jusqu'à ce que l'eau n'ait plus aucune saveur et que le papier *tournesol* ne rougisse plus.

Quand tout ce qui vient d'être décrit a été exécuté, vous retirez votre coton en exprimant l'eau, et l'étendez sur du papier buvard pour qu'il puisse sécher ; enfin, vous le conservez dans un flacon afin d'éviter tout accident, car ce coton s'enflamme et est aussi dangereux que la poudre.

Il est indispensable, pour travailler avec propreté et régularité, d'avoir toujours du *collodion normal* fait d'avance, pour qu'il puisse se reposer, afin de le sensibiliser quand bon semble, par cela même, permettant de faire du collodion pouvant être employé immédiatement.

Nous allons opérer sur une petite échelle ; il sera toujours facile d'augmenter les dosages proportionnellement.

Éther sulfurique à 62°, 90 grammes.
Alcool à 40°, 20 —
Coton azotique, 1 gr. 50 cent.

Mettez dans un flacon.

Agitez et laissez reposer.

Quand le coton a été fait comme il a été indiqué plus haut, la totalité doit s'y dissoudre ; s'il laisse un trop grand dépôt, il est préférable de l'abandonner, car vous devez être certain d'avoir un collodion sans adhérence à la glace et qui vous donnera des clichés sans vigueur. Un des moyens les plus sûrs pour connaître la qualité du coton, est d'en faire brûler une petite partie sur du papier ; pour être soluble, il ne doit laisser aucun résidu.

La solution doit offrir la limpidité du cristal. S'il en était autrement, cela serait l'indice d'un mauvais coton. Comme on peut le voir, la préparation de ce produit est très-minutieuse.

Pour donner au collodion son action photogénique, il faut faire entrer dans sa composition une solution d'iodures qui, entrant en combinaison avec l'argent, forment un iodure d'argent susceptible d'une très-grande sensibilité à l'action de la lumière.

Liqueur sensibilisatrice,
pour la quantité de collodion indiquée ci-dessus.

Alcool,	10 grammes.
Iodure de cadmiun,	50 centigr.
— d'ammonium,	50 —
Bromure de cadmium,	25 —
— d'ammonium,	25 —

Vous versez cette solution dans votre collodion normal, en y ajoutant cinq gouttes de teinture d'iode ; cette addition de teinture d'iode a pour but de transformer en iodure toutes les parties d'iodure qui se trouveraient à l'état d'oxyde.

Laissez reposer le collodion douze heures, puis

décantez-le dans un flacon, pour n'obtenir que la partie claire.

L'on pourrait, aussitôt que ce collodion est fait, s'en servir, après l'avoir néanmoins filtré au moyen d'un entonnoir en verre, au fond duquel on aurait mis un coton imbibé d'alcool ; cependant, ces transvasements dénaturent le collodion, à cause de l'évaporation incessante de l'éther.

L'iodure de cadmium est généralement employé de préférence, offrant plus de sensibilité et étant moins altérable.

Les bromures, ajoutés au collodion, ont pour but de donner aux clichés plus de transparence dans les noirs, et d'éviter d'avoir des parties heurtées par la lumière.

Nettoyage des glaces.

Quoique cette opération paraisse sans apparence sérieuse à première vue, elle n'est cependant pas sans importance, car de là dépend assez souvent la limpidité des épreuves.

Pour bien nettoyer des glaces, et principalement des verres qui n'ont subi aucune opération, il faut les faire tremper dans de la soude caustique, ou bien encore dans de l'acide sulfurique étendu d'eau, puis les frotter au moyen d'une brosse ou pinceau un peu long de manche, pour éviter que cette lessive ne vous endommage les doigts, ensuite les laver et essuyer; ce lessivage a pour résultat d'enlever du verre tout le corps gras qui se trouve à sa surface.

Pour les polir, vous faites un mélange pâteux d'os calcinés ou de tripoli en poudre, avec de l'alcool et quelques gouttes d'ammoniaque, et, au moyen d'un chiffon, vous imprégnez fortement votre glace avec ce mélange; vous frottez toutes les parties, et séchez ensuite avec du papier Joseph, qui possède l'avantage de ne laisser aucune peluche.

Les glaces sales nuisent considérablement à l'adhérence du collodion, et empêchent très-souvent de laisser arriver des détails dans les noirs; puis, aussi, un cliché qui a été collodionné et opéré dans de telles conditions, venant à sécher, des parties entières s'en détachent.

Application du collodion sur la glace.

Votre glace nettoyée dans de bonnes conditions, vous passez à la surface un *blaireau* pour retirer la poussière qui pourrait s'y trouver, puis, tenant la glace par un angle, vous versez le collodion sur le milieu, en inclinant votre glace dans tous les sens, afin qu'il s'étende également partout, et vous versez l'excédant par l'un des angles dans le flacon, en évitant de lever brusquement la glace perpendiculairement, surtout pour celle d'une grande dimension ; vous inclinez la glace de droite à gauche, pour effacer les stries formées par l'écoulement du collodion, et vous attendez quelques instants avant de la mettre dans le bain d'argent, 30 à 35 secondes environ, de manière à laisser l'éther s'évaporer, ce qui peut se reconnaître encore au moyen de l'aspiration : lorsque vous ne sentez plus d'évaporation, vous pouvez la sensibiliser ; cependant, il ne faudrait pas attendre trop de temps, surtout quand c'est un collodion faible en alcool, l'évaporation étant plus accélérée, car alors il se formerait une dégradation de teinte sur la glace qui se répéterait dans l'image : c'est en raison de cela que l'on doit tenir compte de la dose d'éther du collodion, et surtout de la température.

Sensibilisation des glaces.

Pour sensibiliser votre glace, vous devez la plonger dans un bain de nitrate, composé, dans la proportion, de :

Eau distillée,	100 grammes.
Nitrate d'argent,	8 —
Iodure de cadmium,	10 centigr.

Comme un bain neuf de nitrate a l'inconvénient de dissoudre une partie de l'iodure d'argent formé sur la glace, il suffit, pour empêcher cette décomposition, d'y ajouter 10 centigrammes d'iodure de cadmium, dissous dans une très-petite quantité d'eau distillée, et l'ajouter aux 100 gr. du bain, ce qui forme un précipité jaune qui se dissout de nouveau en agitant le flacon, car le bain d'argent saturé d'iodure d'argent ne peut plus dissoudre la couche. Par ce moyen, vous pouvez laisser longtemps votre plaque dans le bain sans inconvénient; autrement, il arrive que les premières plaques, préparées dans un bain neuf, s'y dissolvent entièrement jusqu'à ce que le bain soit saturé. Cet inconvénient a lieu surtout avec des collodions d'une ioduration faible.

Vous plongez votre glace dans le bain de la manière suivante :

Vous soulevez votre cuvette de manière à ce que le liquide aille d'un seul côté, et, posant votre glace sur la partie opposée, vous la penchez en la laissant tomber, en ramenant le liquide en nappe pour la couvrir d'un seul coup; car, s'il y avait un temps d'arrêt, votre glace collodionnée serait couverte de rayures irréparables.

Certains opérateurs appliquent le collodion en dessous, en posant la glace sur le bord de la cuvette, puis la trempent d'un seul trait au moyen du crochet ; mais il arrive que, au bout de plusieurs opérations (dans un bain neuf), le bain se charge d'un corps gras qui forme sur la plaque une infinité de grandes taches en forme de zigzags dans les endroits où le liquide s'est arrêté ; alors la couche de collodion passe de la transparence à l'opacité, prenant une teinte blanche, produite par la formation d'iodure d'argent. Au bout de vingt secondes, vous soulevez et baissez votre glace d'un seul côté au moyen de votre crochet, afin de la laver; car l'éther, en contact avec l'eau, forme une couche huileuse, et vous la laissez jusqu'à ce que les larmes produites par ce contact soient entièrement disparues. Vous la retirez en essuyant l'envers, s'il si trouvait du collodion, parce que ces enduits qui forment *garniture* produiraient une différence de teinte dans l'image ; ensuite vous la placez dans les châssis. Si vous retiriez votre glace avant d'être débarrassée de la couche huileuse, il en résulterait que toutes ces larmes seraient autant de grandes barres qui marqueraient sur l'épreuve ; il est bon aussi de ne pas laisser la plaque trop de temps hors du bain, de même que, lorsque le bain ne la recouvre pas entièrement, il s'y formerait des taches ayant une apparence graisseuse.

Il est très-important que votre laboratoire ne soit éclairé que par une bougie, dont la lumière qu'elle projette doit être garantie par un verre jaune foncé.

Maintenant que la glace est préparée, nous allons donner les différents moyens de reconnaître la qualité du collodion, et s'il est d'une bonne préparation.

Quand vous avez retiré la glace du bain d'argent, vous examinez la consistance du collodion en passant le doigt sur la couche.

Si, sous cette pression, il s'en va poudreux, c'est qu'il y manque du coton.

Si la couche, quoique poudreuse, conserve son épaisseur comme pâte, c'est que le collodion est trop ioduré pour la proportion du coton; de plus, un collodion dans des conditions telles donnerait des images grises.

Il faut toujours qu'un collodion ait de la consistance; cependant, il faut éviter de le faire trop épais, car, en passant l'ongle sur les bords de la couche, il pourrait en résulter que cette couche se détachât de la glace à l'opération du lavage, l'eau passant entre le verre et la couche, ce qui non-seulement pourrait donner des taches, mais encore le faire se déchirer.

Comme on voit, il faut qu'il y ait rapport entre le coton et l'iodure qui entre dans la composition du collodion.

Quand le collodion est trop fluide, chose arrivant lorsqu'on n'a pas de coton soluble, ce qui ne donne plus un collodion avec des dosages réguliers, et, de plus, si la dose d'éther a été trop forte, il se répand mat sur la glace et forme des stries; c'est surtout lorsqu'il est dans ces conditions qu'il sèche inégalement : la partie où s'écoule l'excès est encore humide, que le haut de la glace a déjà éprouvé trop d'évaporation.

Le collodion étant trop épais, il forme sur la glace un *moutonné* qui est produit par la difficulté de l'écoulement; l'excès, venant se mettre sur les endroits déjà couverts, y sèche et forme ces épaisseurs inégales.

Pour parvenir à ramener ces collodions défectueux et leur faire donner de bons résultats, il suffit de chercher quel est le produit dominant, et celui qui s'y trouve en trop petite quantité.

Quand c'est l'éther qui domine, ajoutez de l'alcool, afin de l'empêcher de sécher si vite. Si, en y ajoutant l'alcool, vous avez diminué l'épaisseur de la couche, tant en coton qu'en iodure, rajoutez dans les mêmes proportions que l'alcool.

S'il est trop épais en iodure, ajoutez-y une quantité suffisante de coton, afin de l'empêcher de poudrer; par cette opération, s'il a trop épaissi, additionnez d'éther et d'alcool dans les mêmes proportions que celles du coton.

Pour conclusion, nous ferons observer qu'un collodion, dont l'aspect seul doit le faire juger dans des conditions désirables, doit être d'une épaisseur telle, qu'en passant l'ongle sur la glace, il commence à s'en détacher par couches minces et cassantes; la couche opaque en apparence doit présenter une teinte bleuâtre et transparente.

Il nous reste encore à parler du bain d'argent.

Quand ce bain est trop faible, la couche de collodion se dédouble, l'iodure d'argent se détache de la pellicule de coton et vient surnager.

Quand il est trop fort, il dissout l'iodure d'argent, et, laissant la glace dedans quelques instants en l'agitant, il ne resterait dessus que la pellicule de coton; c'est ce qui fait que, pour y remédier, nous ajoutons au bain une certaine quantité d'iodure qui empêche de dissoudre celui du collodion, car un bain d'argent pour *négatif* ne peut pas se doser au *pèse-sels* comme celui du papier positif, attendu qu'il tient en suspension de l'iodure d'argent provenant de l'immersion de chaque glace. De là il résulte, qu'ayant deux sels en dissolution, il y a imposibilité d'en tirer un. Pour parer à l'inconvénient résultant de l'appauvrissement du bain causé par l'usage, il faut avoir soin de se tenir toujours au même degré au moyen de cette solution-ci :

> Eau distillée, 100 grammes.
> Nitrate d'argent, 10 —

Au fur et à mesure que votre bain diminue de volume, vous le remplacez avec ce nouveau bain ; par ce mode, vous êtes certain d'obtenir un travail constant.

Ce bain doit être filtré chaque fois que l'on s'en sert, pour retirer les poussières et les corps malpropres qui se trouvent en suspension. Si l'on n'avait pas cette précaution, indispensable pour un travail propre, il arriverait que, lorsque vous retireriez votre glace, la face se trouvant dessus, elle serait chargée de ces impuretés que le filtre retient, ce qui empêche des défauts qui seraient inévitables si l'on agissait autrement.

S'il arrivait que votre bain fût trop fort, soit qu'ayant resté toute une journée dans la cuvette, exposé à une température élevée qui aurait fait évaporer l'eau, ou que vous ayez fait une solution trop concentrée, que ce bain vous ait servi depuis quelque temps, vous y ajouteriez une quantité d'eau distillée, suffisamment pour le ramener à son degré.

Si encore votre bain d'argent venait à se troubler, cela ne proviendrait que d'une quantité d'iodure d'argent en dissolution qui se précipiterait, alors vous n'auriez qu'à filtrer.

Du temps de pose.

L'exposition de la glace collodionnée à la chambre noire est, comme nous l'avons déjà dit à l'article du papier sec, assez difficile à décrire; car, avec les mêmes substances et certains appareils, l'on obtient des durées d'exposition tout à fait différentes les unes des autres : tantôt elles sont instantanées, tantôt elles varient de trente à quarante secondes. Nous ne pouvons donc donner ici que l'enseignement nécessaire pour pouvoir connaître le trop ou le manque d'intensité de l'image, et nous ne cesserons de le répéter, que c'est de là que dépend la réussite de l'épreuve.

Il arrive souvent que des épreuves obtenues en plein soleil donnent des effets de demi-teintes, tandis que d'autres présentent l'aspect de la neige : cela provient de ce que l'on n'a pas su ou pu calculer le temps de pose vrai; car tout ce que l'on pourrait faire à un cliché pour renforcer les noirs, n'augmentant pas l'intensité des demi-teintes, l'on n'obtiendrait qu'un tout autre effet. Lorsque la lumière n'a pas impressionné assez de temps l'iodure d'argent, tout le nitrate que vous ajouteriez à l'acide pyrogallique pour rendre les noirs de votre épreuve plus opaques, ne se déposerait que sur les parties les plus impressionnées ; les lumières, et principalement les ombres, ne subiraient aucune différence en rapport des noirs : c'est de là que viennent les effets de lumière si durs.

Le trop de pose se reconnaît par l'aspect d'un gris général ; néanmoins, toutes les parties de l'épreuve en sont détaillées, mais n'offrent aucun contraste dans les différents tons.

Nous allons passer maintenant à la manière de développer l'image.

De l'augmentation de l'image ou de son développement.

Parmi les produits employés pour faire apparaître l'image, il en est deux donnant de bons résultats : ce sont l'*acide pyrogallique* et le *sulfate de fer*.

L'acide pyrogallique fait dessiner l'image par gradation, et l'amène lentement à son degré de force.

Le sulfate de fer développe instantanément, mais avec plus ou moins d'intensité. Aussi faut-il renouveler plusieurs fois l'immersion de l'épreuve pour la faire arriver à sa valeur.

Comme de ces deux procédés il résulte quelques difficultés, l'un par sa lenteur, l'autre par son manque de vigueur, nous avons jugé nécessaire d'en donner la composition, que chacun pourra employer dans les différentes conditions du travail qu'il aura à exécuter.

Premier bain.

Eau,	100	grammes.
Sulfate de fer,	6	—
Acide acétique,	8	—
Alcool,	10	—

Deuxième bain.

Eau distillée,	150	grammes.
Acide pyrogallique,	1	—
Acide acétique,	10	—

Aussitôt votre glace posée, sans perdre un instant, pour ne pas donner le temps au collodion de sécher, vous rentrez dans votre laboratoire et vous sortez la glace de son châssis, que vous épongez sur un buvard, afin d'enlever le nitrate qui s'y serait amassé; et, en tenant la glace par un angle, la couche de collodion en dessus, vous y versez en abondance une partie du bain (sulfate de fer), que vous faites courir sur toute la surface pour venir en aide au développement de l'image, effet qui a lieu aussitôt, et vous lavez à grande eau, de manière à enlever le sulfate de fer.

Si les noirs de l'image commencent à obtenir un peu de vigueur et que les blancs soient détaillés, quoique bien transparents, il suffira de la renforcer avec l'acide pyrogallique, comme nous allons l'indiquer, pour qu'elle arrive à son degré d'intensité.

Mais si l'image s'est développée d'une manière faible, causée par le manque de pose, ou qu'elle soit apparue immédiatement dans toutes ses parties et que les blancs soient devenus gris, ce qui indiquerait une exposition trop longue, il serait inutile de donner suite à l'opération, car l'on n'en retirerait rien de satisfaisant.

Dans le cas contraire, après avoir lavé parfaitement votre plaque, vous versez dessus une quantité d'acide pyrogallique, auquel vous mélangez, au moment de vous en servir, en quantité égale de votre acide, de la solution suivante :

Eau distillée,	100 grammes.
Nitrate d'argent,	4 —

Vous promenez le liquide sur toute la surface de la plaque, et le reversez dans un verre, puis reversant de nouveau, en continuant ce manége jusqu'à ce que vous ayez obtenu la vigueur que vous désiriez. Alors vous lavez pour arrêter l'action du développement. Si la solution d'acide pyrogallique se colorait trop dans l'opération, il faudrait la renouveler pour éviter que le dépôt de gallate d'argent ne se dépose sur la couche de collodion.

Si, en versant l'acide pyrogallique, il venait à se former sur votre glace un précipité blanc, ce serait un signe évident que votre glace a été mal lavée et qu'il y reste encore du sulfate de fer.

Il est indispensable de filtrer son bain chaque fois que l'on opère, pour éviter que l'argent réduit, se trouvant en suspension dans le liquide, n'occasionne autant de petits points qui s'attachent à l'épreuve. Il est bon aussi d'ajouter au bain de fer de temps à autre, comme nous faisons toujours servir le même, quelques grammes d'acide acétique, attendu qu'à la longue le bain de fer formerait des veines, produites par l'appauvrissement de cet acide.

Fixation du cliché.

Pour arrêter les progrès de la lumière sur le cliché, il faut enlever la couche d'iodure d'argent, qui continuerait de s'y colorer; on emploie pour cela l'hyposulfite de soude ou le cyanure de potassium.

L'hyposulfite a l'inconvénient de s'imprégner après les doigts, s'en allant difficilement et pouvant, à cause de sa trop grande ténacité, occasionner des taches noires sur toutes les parties de cliché où les doigts imbus de ce produit auraient posé, et même perdre le bain d'argent, car celui-ci, mis en contact avec un sulfure, se décompose.

Le cyanure est préférable, n'ayant aucun de ces inconvénients. En conséquence, vous faites dissoudre :

   Cyanure,   5 grammes.
   Dans, eau distillée, 100 —

Versez le cyanure sur votre plaque ; aussitôt la couche laiteuse d'iodure d'argent se dissout, et lorsqu'elle est disparue, immédiatement vous lavez à grande eau : car, si vous prolongiez cette opération, le cyanure attaquerait les parties faibles de l'image. Vous mettrez votre cliché sécher, en ayant soin de le mettre dans un endroit à l'abri de la poussière.

Dans toutes ces manipulations, il faut agir avec adresse et précaution, car le manque d'attention pourrait vous occasionner une foule de désagréments, soit que la couche de collodion vienne à se déchirer ou se détacher de la glace, et vous obliger à refaire un travail qui quelquefois a été long et pénible, et, souvent même, y a-t-il impossibilité de pouvoir le recommencer.

Vernis.

Pour pouvoir *tirer* des épreuves positives de ces clichés, il faut préserver la couche de collodion par un vernis diaphane, sans cela le moindre frottement le rayerait. Pour faire ce vernis, faites dissoudre dans un matras (ballon en verre) et au bain-marie :

Alcool,	250 grammes.
Sandaraque,	125 —

Quand la dissolution est à peu près complète, vous filtrez à chaud et conservez dans un flacon bien bouché.

Pour vernir, voici comment il faut procéder :

Vous chauffez votre cliché au-dessus d'un fourneau, afin de le faire tiédir, et vous versez le vernis de la même manière que le collodion, puis vous faites sécher votre glace sur votre fourneau jusqu'à parfaite siccité. Cependant, si l'on n'avait besoin de tirer que quelques épreuves, il suffirait de dissoudre de la dextrine dans de l'eau et peu épaisse, filtrée à chaud.

Pour l'appliquer sur le cliché, il faut que celui-ci soit encore mouillé ; en prenant un peu de soin, ce vernis peut suffire.

Épreuves positives sur verre.

L'épreuve positive sur verre s'obtient de la même façon que la négative, seulement la différence existe dans la manière de développer l'image.

Quand votre glace collodionnée est sensibilisée et que vous n'avez plus qu'à l'exposer à la chambre noire, il vous suffit de diminuer le temps de pose de près de moitié. Pour développer, vous vous servez du même bain qui est indiqué au chapitre *Augmentation de l'image,* etc. De là dépend en grande partie la beauté de l'épreuve. Lorsque l'image est apparue, il faut laver pour arrêter l'action du sulfate de fer ; si l'on laissait l'action se continuer comme pour le négatif, il se produirait, quoique ayant posé le temps juste, un voile masquant l'épreuve ; aussi l'image aurait-elle un aspect sombre, au lieu de prendre un vif éclat par l'effet vigoureux des noirs, contrastant à leur juste valeur avec le brillant des blancs. Ce voile, qui est produit par une trop forte réduction d'argent, peut s'enlever, lorsque le collodion est épais, au moyen d'un coton quand la glace est encore mouillée ; mais, très-souvent, les voiles viennent de ce que le laboratoire est trop éclairci : il est même des cas, qui se répètent assez souvent, où, en cinq minutes, l'on a obtenu des reproductions de gravures, l'appartement dans lequel on opérait étant seulement éclairé par une lampe.

L'on fixe également au cyanure. Si la glace n'avait pas été bien débarrassée du sulfate de fer, il se formerait sur la glace un précipité de cyanure et de protoxyde de fer qui tacherait votre épreuve.

Il est aisé de reconnaître si votre épreuve a posé le temps nécessaire, en plaçant l'image au-dessus d'un fond noir.

Pour préserver l'image de toute altération, vous y mettez du vernis indiqué pour les chichés; de plus, afin de faire ressortir dans ses plus petits détails et donner à votre image le ton indispensable, vous composez un vernis noir d'après la formule suivante :

Benzine,	100 grammes.
Bitume de Judée,	150 —
Cire jaune,	10 —

Quand ces substances sont dissoutes et reposées, vous en appliquez au moyen d'un pinceau.

Jusqu'à présent, on avait la mauvaise habitude de mettre ce vernis noir directement sur le collodion; aussi arrivait-il souvent que le vernis s'écaillait et que l'épreuve était perdue. Un autre inconvénient existait : c'était d'enlever le brillant de l'épreuve et d'atténuer considérablement les demi-teintes et de perdre les blancs.

Transport sur toile cirée.

Cette nouvelle application de la photographie assure aux personnes ne s'occupant spécialement que d'épreuves, une infinité d'avantages. D'abord, par ce système, point de fragilité dans la production, commodité dans le transport, pouvant au besoin se mettre dans une lettre, promptitude dans l'opération, et, qui plus est, susceptible de livraison immédiate.

Pour ce genre, il faut un collodion épais; pour cela, il suffit d'ajouter un demi-gramme de coton par 100 grammes de collodion. La positive sur verre étant terminée, il faut en détacher l'image et la transporter sur la toile. Voici la manière de procéder :

Vous commencez à détacher les bords du collodion tout autour de la glace, puis vous la plongez dans une cuvette où il y a le mélange suivant :

Eau,	100 grammes.
Acide hydrochlorique,	40 —

Alors vous cherchez à infiltrer entre la glace et le collodion le liquide; l'acide tendant à se détacher finit par se décoller entièrement, et vous lavez pour enlever l'acide qui reste à la surface.

Vous appliquez dessus un morceau de toile, en donnant une pression et glissant avec les doigts du milieu aux bords, afin de chasser les bulles d'air, et tenant votre verre en dessus, pour pouvoir conduire votre opération plus facilement et plus sûrement (avant d'appliquer votre toile, il est nécessaire de la frotter sur un morceau de drap, pour enlever les parties grasses) ; et lorsque vous jugez que l'adhérence a lieu et que vous avez eu soin de chasser non-seulement les bulles d'air, mais aussi l'excès d'eau qui empêcherait cette adhérence, vous cherchez à pousser la toile, afin de faire sortir par un endroit le collodion de dessous la glace, et à tirer la toile par cet angle, qui amènera avec elle le collodion. S'il a été bien décollé dans toutes ses parties, vous la lavez et la faites sécher en la tendant sur un carton au moyen d'épingles. Nous ferons observer que si l'on n'avait pas le soin de chasser entièrement les bulles d'air, elles formeraient autant de trous quand le collodion sécherait.

Ces épreuves, vu la souplesse de la matière sur laquelle elles sont produites, peuvent s'appliquer à l'industrie. Les presse-papier qui jusqu'alors n'ont été opérés par la photographie que directement, déforment souvent les images, effet causé par la concavité de leurs boules.

La toile a l'agrément de donner de plus beaux blancs, de faire l'image plus facilement, et d'éviter de garnir les boules pour les préserver du frottement, puisque la toile elle-même forme le sujet et la garniture.

Elle s'applique sur le verre au moyen d'un mucilage de gomme et de sucre candi.

Du papier positif et de la sensibilisation.

La préparation du papier positif est une de celles où beaucoup de personnes attachent peu d'importance. C'est un tort, car c'est de là que dépend la beauté et la solidité de la photographie.

Combien en a-t-on vu ne s'occuper que de l'obtention d'une image sans se rendre compte de la durée qu'elle pouvait avoir, et être étonnés que leurs épreuves jaunissaient et même disparaissaient !

Nous allons ajouter ici, aux procédés de fixage usités, l'emploi d'un nouveau fixateur déjà indiqué il y a quelques années, et malheureusement peu pratiqué.

Passons à la préparation du papier positif.

Vous choisissez du papier d'une pâte très-serrée,

pouvant subir sans déchirement les lavages, vous le coupez de la grandeur que vous désirez, vous en marquez l'envers avec un crayon, et vous l'immergez dans :

Eau distillée,	100 grammes.
Chlorure de sodium,	3 —

Vous y laissez votre feuille pendant quatre minutes, vous la retirez et laissez sécher en la suspendant par un angle : ce papier ainsi préparé se conserve très-bien.

Si vous voulez avoir un brillant sur l'épreuve, vous l'obtiendrez en l'*albuminant ;* ce procédé est employé généralement pour les vues.

Pour albuminer le papier, vous prenez d'abord trois blancs d'œuf auxquels vous retirez les germes, ce qui vous donne :

Blanc d'œuf (albumine),	90 grammes.
Eau,	30 —
Chlorure de sodium,	4 —

La quantité d'eau ajoutée peut varier suivant le brillant que vous désirez obtenir, puis vous battez le tout ensemble jusqu'à ce qu'il devienne en neige; vous laissez reposer, et, au bout de deux heures, vous pouvez décanter l'albumine tombée au fond du vase dans votre cuvette, en évitant de lui faire faire des bulles, que vous enlèveriez avec une bande de papier passée transversalement sur la surface. Ceci fait, vous y appliquez votre feuille du côté de l'endroit en lui faisant faire pression sur le bain pour chasser les bulles d'air, vous soulevez jusqu'à complète extinction de ces bulles, et vous les mettez sécher en les accrochant par un angle et mettant à celui opposé un peu de papier de soie.

Quand vos feuilles sont sèches, vous passez dessus un fer légèrement chaud, en ayant soin de préserver sa surface par une simple feuille pour coaguler l'albumine.

Pour sensibiliser votre papier, préparé soit au chlorure de sodium, soit à l'albumine chlorurée, il faut lui faire subir l'immersion dans un bain composé de :

Eau distillée,	100 grammes.
Nitrate d'argent,	20 —

Vous posez votre feuille du côté préparé sur ce bain, en évitant toujours les bulles d'air de s'y interposer; vous l'y laissez pendant cinq minutes : tout le chlorure de sodium contenu dans le papier se transforme en chlorure d'argent, sel sensible à la lumière, et en nitrate de soude, qui reste dans le bain. Par ces causes, il arrive que, à force de préparer du papier, le bain finit par s'appauvrir d'argent, et, pour pouvoir le conserver à sa même dose, il faut le peser après chaque opération au moyen du *pèse-sels*, qui indiquera la quantité de nitrate contenue dans 100 parties d'eau, et il faudra ajouter autant de grammes de nitrate qu'il y aura de parties en moins des 20 degrés que le bain devra marquer. Cependant l'on devra, pour plus de sûreté, forcer le bain de quelques degrés de plus, car le nitrate de soude qui se trouve en combinaison a la même action sur le pèse-sels que le nitrate d'argent.

Par ce moyen, on est toujours sûr d'obtenir les mêmes tons dans les images, et, de plus, on évitera d'avoir des épreuves sans vigueur, suite de l'affaiblissement du bain. Il arrive souvent que les épreuves qui sont obtenues de la sorte paraissent vigoureuses lorsqu'elles sont dans l'eau, mais, une fois sèches, elles tombent de ton et paraissent couvertes d'un voile.

En été, on peut préparer le bain d'argent à 15 pour 100, car la lumière, ayant plus d'intensité, impressionne vite le papier; il est préférable, l'hiver, de le préparer plus fort, attendu que le papier se sensibilisera plus promptement.

En *nitratant* le papier albuminé, le bain prend une certaine coloration, produite par le contact de cette matière animale; et comme, par cette coloration, votre papier se teinterait, il faut le décolorer.

Pour cela, il suffit de l'agiter en y jetant une petite quantité de noir animal : lavez et filtrez. Le papier ainsi préparé doit être placé à l'abri de la lumière. En été, il ne se conserve guère plus de deux jours, et encore se colore-t-il dans l'obscurité.

Tirage et fixage du papier positif.

Pour obtenir l'image sur votre papier, vous prenez le châssis pour épreuves positives, vous y placez le cliché, le côté opposé au collodion, sur la glace, ensuite vous appliquez votre feuille de papier sur le cliché, le côté sensibilisé directement sur l'image; vous fermez votre châssis et l'exposez à la lumière dans une position verticale au contact de la lumière. Le papier se colore plus ou moins vite, selon la dose de nitrate qu'il a reçue, ou qu'il est salé ou albuminé, le premier se teintant de bleu violacé ou noir bronzé, le second, de rouge brun ou bistre foncé.

Pour bien juger de la marche de votre travail, vous devez regarder le progrès de votre épreuve en ouvrant le châssis d'un seul côté à la fois, et cela dans un demi-jour. Par ce moyen, il vous sera facile de reconnaître si vous devez arrêter ou continuer l'effet de l'action lumineuse.

Il faut laisser l'image se colorer plus vigoureusement que l'on ne doit l'obtenir à sa terminaison, car, au fixage, elle perd de sa valeur. L'épreuve exposée trop longtemps à la lumière, ses noirs finissent par se métalliser, et il deviendrait impossible de les ramener à leur juste valeur.

L'épreuve tirée au point convenable, vous la retirez du châssis et la serrez dans un tiroir ou tout autre objet ou meuble hermétiquement fermé, en attendant son fixage.

Maintenant, nous allons arrêter l'action de la lumière, en dissolvant le chlorure d'argent qui n'a point été attaqué par elle ; alors il ne restera plus sur le papier que les parties qui ont été plus ou moins impressionnées, selon leur valeur respective.

Nous passons donc à l'opération du fixage, qui demande aussi de la propreté et de l'attention.

L'épreuve à fixer doit être plongée dans un bain de :

Hyposulfite de soude,	20 grammes.
Eau,	100 —

Vous agitez la cuvette, afin d'aider à la dissolution du chlorure d'argent et éviter un trop long séjour dans ce bain ; en regardant par transparence le papier immergé depuis quelques instants, on reconnaîtra qu'il prend un aspect grenu qui se change en une parfaite transparence. A ce moment, l'épreuve est fixée. On verra par cela même que, suivant la concentration du bain d'hyposulfite, ou suivant l'épaisseur du chlorure d'argent, l'épreuve devra être fixée dans un temps plus ou moins court. Le bain d'hyposulfite doit être renouvelé souvent, car, finissant par être saturé de chlorure d'argent, il ne fixerait plus; vous retirez votre épreuve, qui doit avoir le ton bistre, étant sur papier salé, et rouge, étant sur papier albuminé : l'albumine ayant une tendance à tourner au ton rouge, et enfin de faire *virer*. Vous passez votre épreuve dans plusieurs eaux pour la débarrasser en partie de l'hyposulfite, et vous la mettez dans un bain composé comme suit :

Eau,	400 grammes.
Hyposulfite de soude,	16 —

L'hyposulfite entièrement dissous, vous y ajoutez, en versant par parties et agitant pour aider au mélange :

Eau,	200 grammes.
Chlorure d'or,	1 gr. 50 centig.

Cette solution doit être incolore, et, faite dans le sens inverse, au lieu de former un hyposulfite d'or et de soude, formerait un sulfure d'or qui se précipiterait en brun ; la liqueur devient laiteuse, et, au bout de quelques heures, le soufre se précipite. A ce moment seulement, vous employez cette préparation ; le papier salé se colore presque immédiatement en noir, tandis que le papier albuminé exige quinze à vingt minutes pour arriver au ton violacé.

La préparation du bain d'hyposulfite saturé de chlorure d'argent, indiqué par beaucoup de photographes pour colorer les épreuves, est d'un mauvais emploi, car, au bout d'un certain temps, les épreuves, se colorant d'abord en jaune, finissent par disparaître, parce qu'au lieu de former sur le papier un oxyde d'argent, préservé par une réduction d'or sur toutes ses parties, il se forme dessus un sulfure d'argent, et cette partie de soufre, au contact de l'humidité, se changeant en acide sulfureux, détruit l'épreuve à la longue ; et, qui plus est, vous auriez beau laver des épreuves dans un bain de ce genre, cela ne les empêcherait point de passer ; le sulfure d'argent étant insoluble, on ne saurait les en débarrasser.

Au sortir du bain, vous plongez votre épreuve dans une cuvette d'eau souvent renouvelée, ou bien encore dans une eau courante, afin de la débarrasser de tous ses sels. Dans cette dernière condition, au bout de deux heures, votre épreuve sera parfaitement lavée, attendu qu'il n'est pas bon de la laisser séjourner des journées entières, le papier finissant par se détériorer à cause d'une trop longue immersion. Lorsque vous retirez votre épreuve, vous la suspendez pour la faire sécher, prenant garde qu'il tombe de la poussière dessus.

Fixage à l'ammoniaque.

Parmi les dissolvants du chlorure d'argent, l'ammoniaque est celui duquel il a été peut-être le plus question, mais le moins mis à exécution, quoique cependant ce soit un des fixateurs les plus solides. Par ce moyen, vous êtes certain de ne laisser trace d'aucun sel dans la pâte du papier, cas il est soluble et volatil en même temps ; pour l'employer, vous prenez :

    Eau,   100 grammes.
    Ammoniaque à 22 p. 100,   30   —

Vous immergez votre papier, jusqu'à ce qu'il ait acquis la transparence, ce qui s'opère rapidement, et vous le mettez dans le bain de chlorure d'or jusqu'à parfaite coloration. L'odeur de l'ammoniaque étant peu agréable, on couvre d'un verre les capsules qui le contiennent, et, par ce moyen, vous évitez en même temps l'affaiblissement de ce bain. Des épreuves fixées depuis cinq ans par ce mode ont conservé la même fraîcheur et la même vigueur qu'au sortir du bain.

Pour éviter les taches qui souvent résultent du toucher des épreuves, vous les enduisez d'un encaustique composé de :

Benzine,	100 grammes.
Cire vierge râpée,	50 —

Vous laissez la cire en contact avec la benzine; lorsqu'elle est bien imbibée, vous triturez dans un mortier d'une façon intime, de manière à former de ces deux substances une pâte épaisse. Sur un morceau de laine, vous en étendez une petite quantité que vous passez sur toute l'épreuve pour l'en couvrir faiblement, et avec un autre morceau, disposé en tampon de vernisseur, vous frottez pour donner le brillant : il est nécessaire que l'épreuve soit collée sur un carton, assez fort pour éviter qu'elle ne soit brisée par l'action du frottement; ceci fait, votre épreuve est inaltérable.

Nature et propriété des principaux produits employés dans la photographie.

Acide acétique. — Cet acide forme la base du vinaigre ; il est d'une odeur piquante et d'une saveur caustique ; il est volatil, et est soluble dans l'eau ; on l'obtient, le plus souvent, en décomposant le bois par la chaleur dans des vases clos ; il entre à l'état cristallisable dans les compositions photographiques.

Acide gallique. — Déliquescent et soluble en toutes proportions dans l'eau et l'alcool, il sert à développer les images négatives en faisant ressortir les noirs ; il s'obtient par la macération d'une partie de noix de galle dans cinq parties d'eau ; il réduit les sels d'argent impressionnés par la lumière.

Acide hydrochlorique (chlorhydrique). — L'acide chlorhydrique est formé de volumes égaux de chlore ou d'hydrogène ; il se trouve généralement à l'état de combinaison avec la soude ; on l'obtient en traitant le chlorure de sodium par l'acide sulfurique ; avec cet acide et les oxydes métalliques, il y a formation de chlorure et d'eau ; il donne aux épreuves des tons noirs très-intenses.

Acide nitrique (azotique). — L'acide nitrique est le résultat de la distillation du salpêtre, de l'azotate, de la potasse et de l'acide sulfurique ; uni au calorique, il a pour propriété de dissoudre les métaux et de former l'azotate d'argent.

Acide pyrogallique. — Acide gallique sublimé à une température s'élevant au plus à 210 degrés ; il sert au développement des images négatives sur collodion et sur albumine.

Acide sulfurique. — L'acide sulfurique est le plus important de tous les acides; anhydre, il est solide sous la forme de fils soyeux ; hydraté, il est liquide, blanc et oléagineux ; exposé à l'air, il attire l'humidité et prend une couleur brune due aux particules organiques qui se carbonisent en se déposant à sa surface. Il est un des réactifs les plus employés, et déplace presque tous les autres acides de leur combinaison ; il sert dans certains bains pour développer les images.

Albumine. — L'albumine est la nature du blanc d'œuf; liquide, elle est transparente, inodore, plus pesante que l'eau, contient une petite partie de carbonate de soude ; sa propriété essentielle est de se coaguler par la chaleur, de devenir solide et d'être blanche et opaque : les alcalis la rendent plus fluide.

ALCOOL. — On l'obtient par la distillation de toutes les boissons vineuses ; il est liquide et très-volatil ; le sodium et le potassium le rendent plus concentré en décomposant l'eau qu'il renferme ; l'alcool se combine avec l'eau en toutes proportions ; sa pesanteur spécifique est de 0,80 ; quand il est privé d'eau, sa principale propriété pour la photographie est de dissoudre certains iodures alcalins.

AMMONIAQUE (alcali volatil). — L'ammoniaque ne se trouve dans la nature qu'à l'état de combinaison avec les acides ; il est gazeux et incolore ; l'ammoniaque est composé d'un volume d'azote et trois volumes d'hydrogène ; il bleuit le papier tournesol rougi par les acides ; c'est le seul gaz jouant le rôle d'oxyde ; il est employé pour donner certains tons aux positives.

BENZINE. — La benzine est l'acide benzoïque dissous dans l'hydrate de chaux ; elle sert particulièrement à composer le vernis pour les clichés.

BITUME DE JUDÉE. — Résine entrant dans la composition du vernis noir qui s'applique aux positives sur verre : il s'allie avec la benzine.

Chlorure d'argent. — C'est le chlore combiné avec l'argent, mêlé à l'hyposulfite après l'avoir fait noircir au soleil; il donne aux positives des tons noirs d'une grande beauté; on détermine sa formation sur le papier par différents réactifs.

Chlorure de sodium (sel marin). — Il existe en dissolution dans les eaux de la mer, et à l'état de masse dans l'intérieur des terres, connu sous le nom de *sel gemme;* c'est un fixateur provisoire; il précipite, à l'état de chlorure d'argent, tous les corps contenant de l'azotate de ce métal.

Chlorure d'or. — Dissolution de l'or dans un mélange d'acide nitrique et d'acide chlorhydrique; mélangé à l'hyposulfite, il sert à fixer les épreuves et à leur donner de la richesse de ton.

Cyanure de potassium. — Acide prussique uni au potassium; il est employé comme fixateur, servant aussi à enlever les taches de nitrate d'argent (*dangereux*).

Éther sulfurique. — Mélangé à l'alcool pour la fabrication du collodion, il dissout le coton azotique; il s'obtient en distillant parties égales d'acide sulfurique et d'alcool rectifié; il se décompose instantanément par le chlore.

Fluorure de potassium. — Donnant une grande sensibilité aux papiers préparés à l'iodure avec lequel il est joint ; le fluorure de potassium est l'acide fluorhydrique saturé de carbonate de potasse.

Hyposulfite de soude. — Dissolution de sulfite de soude saturé de fleur de soufre ; il sert pour le fixage en général.

Iodures. — Les iodures ont pour propriétés d'être les principaux agents sensibilisateurs.

Nitrate d'argent (azotate). — Dissous dans l'eau et uni aux iodure, bromure, fluorure et cyanure de potassium, il acquiert une très-grande sensibilité ; on l'obtient par une dissolution d'argent dans l'acide azotique au moyen du calorique, que l'on fait cristalliser par évaporation.

Nitrate de zinc. — Pouvant suppléer à l'acide acétique ; il est le résultat d'une dissolution de zinc par l'acide azotique et l'eau.

Papier tournesol. — Ce papier est imprégné de la teinture du tournesol ; ainsi il est bleu ; joint à un acide, il rougit ; il reste de sa couleur primitive si le bain dans lequel on le trempe est alcalin ; ne changeant pas, les produits sont dans de bonnes conditions.

Sulfate de protoxyde de fer (couperose). — Est employé pour le développement des images sur verre, principalement pour les positives. Le sulfate de protoxyde de fer est très-soluble dans l'eau, d'un vert émeraude; on l'obtient en exposant la combinaison du soufre avec le fer à l'action de l'air humide.

Nouveau multiplicateur stéréoscopique.

Un instrument appelé à rendre de grands services dans les opérations photographiques, pour l'obtention multiple des épreuves, vient d'être récemment inventé par M. Ferdinand Mulnier. Cet appareil, aussi simple dans sa construction qu'il est facile à faire manœuvrer, est d'une combinaison heureuse, et dénote, de la part de son auteur, un calcul intelligent. Il appartenait à la *Photographie pour tous* d'être la première à faire connaître cette nouvelle innovation; nous regrettons que notre cadre soit trop restreint pour en donner ici tous les détails; qu'il suffise seulement de savoir que cet appareil peut produire la carte de visite, tout en possédant l'immense avantage d'exécuter les épreuves stéréoscopiques. Avec ce nouveau système de chambre noire et de châssis, plus d'embarras causés par ces monstrueux multiplicateurs, ressemblant plus à une bâtisse qu'à un instrument de précision : identité d'action photogénique, multiplicité d'images, économie de temps, et, enfin, n'en déplaise à *certains égoïstes, parfois inventeurs imaginaires*, inutilité d'addition d'objectifs impossibles à mettre en rapport.

Nous nous proposons d'en donner de plus grands détails dans le prochain supplément de l'*Annuaire de photographie*. En attendant, nous appelons l'attention de nos lecteurs photographes sur l'avantage que l'on peut tirer de ce nouvel appareil.

Casimir Lefebvre.

FIN.

TABLE DES MATIÈRES

	Pages.
Préface.	3
Introduction	5
Papier sec	7
Ioduration du papier	9
Sensibilisation	11
Exposition à la chambre noire.	14
Développement de l'image.	16
Fixage	18
Papier humide.	19
Apparition de l'image, fixage et cirage.	20
Collodion.	21
Liqueur sensibilisatrice.	24
Nettoyage des glaces	25
Application du collodion sur la glace.	26
Sensibilisation des glaces	27
Du temps de pose	34
De l'augmentation de l'image ou de son développement.	36
Fixation du cliché.	38
Vernis	40
Épreuves positives sur verre	41
Transport sur toile cirée	43
Du papier positif et de sa sensibilisation.	45
Tirage et fixage du papier positif.	49
Fixage à l'ammoniaque.	53
Nature et propriété des principaux produits employés dans la photographie.	55
Multiplicateur stéréoscopique.	60

EN VENTE A LA MÊME LIBRAIRIE :

PEINTURE SUR PAPIER DE RIZ, 1 vol. avec planches d'étude.................. 1 fr.
TRAITÉ DE TAXIDERMIE, ou l'Art de mégir, de parcheminer, d'empailler, de monter les peaux de tous les animaux, de prendre, préparer et conserver les Papillons et autres insectes, précédé des procédés Gannal ; 4ᵉ édit. 1 fr.
LETTRES SUR LA MINIATURE, traité par Mansion, élève d'Isabey. 1 vol. de 244 pages......... 4 fr.
RECUEIL d'Encadrements et de Titres, dessinés par Langlade. Album oblong. In-8°............. 1 fr.
LE MÉCANICIEN-CONSTRUCTEUR de Machines à vapeur, ouvrage utile aux Constructeurs, Inventeurs, Ouvriers mécaniciens, Fumistes, Industriels, Dessinateurs, etc., par P.-Ch. Joubert, auteur de plusieurs ouvrages scientifiques............... 1 fr.
PEINTURE LITHOCHROMIQUE, ou Imitation sur toile, et l'Art de donner aux objets dessinés au crayon, à l'estampe, aux lithographies, gravures, etc., l'apparence d'une jolie peinture à l'huile ; suivie des Procédés pour peindre et décalquer sur le bois et les écrans, et d'obtenir, avec un petit nombre de couleurs, toutes espèces de nuances. 5ᵉ édition................. 75 c.
PEINTURE ORIENTALE, ou l'Art de peindre sur papier, mousseline, velours, bois, etc., et de décalquer sur verre. 3ᵉ édition, grand in-18............. 75 c.
HISTOIRE NATURELLE DES PAPILLONS, suivie de la manière de s'en emparer, de les conserver en collections inaltérables ; et du Calendrier du Chasseur de papillons, chenilles et autres insectes. 1 vol. in-8°, noir... 3 fr.
Colorié................. 5 fr.
MANUEL DU SAVOIR-VIVRE, ou l'Art de se conduire selon les convenances et les usages du monde, dans toutes les circonstances de la vie et dans les diverses régions de la société. 1 joli volume............. 1 fr.
LETTRES A MA FILLE sur l'histoire d'Angleterre, par V. Letellier, chevalier de la Légion d'honneur. 1 vol. Charpentier.................. 3 fr.

Lagny. — Typographie de A. Varigault et Cⁱᵉ.

	fr. c.
A B C du Dessin et de la Perspective, orné de 8 planches d'étude graduées..	1
Le Dessin expliqué, mis à la portée de toutes les intelligences. 1 vol in-8°, orné de 30 sujets d'étude.	1
Le Paysage et l'Ornement. 1 vol. in-8°, orné de planches d'étude..	1
L'Aquarelle et le Lavis, par Goupil. 1 vol. in-8°, avec planche.	1
Le Pastel, par Goupil. 1 vol. in-8°, avec planche.	1
La Peinture à l'huile, suivi d'un Traité de la restauration des tableaux, par Goupil. 1 vol. in-8°.	1
Peinture sur porcelaine, verre, émail, stores, écrans, marbre; suivi du TRAITE DE VITRAU-MANOTYPIE, ou l'Art de faire soi-même les vitraux factices, etc., par Lefebvre. 1 vol. in-8°.	1
La Miniature. 1 vol. avec planche d'étude.	1
La Photographie pour tous, traité simplifié. 1 vol. in-8°.	1
Guide du Peintre-Coloriste, comprenant le coloris des gravures, lithographies, vues sur verre, pour stéréoscope; du Daguerréotype et la retouche de la Photographie à l'aquarelle et à l'huile, par C. Lefebvre. 1 vol. in-8°.	1
Manuel général du Modelage en bas-relief et en ronde-bosse, de la Sculpture et du Moulage, ouvrage orné de planches, augmenté d'un grand nombre de procédés nouveaux, utiles et agréables aux amateurs, par F. Goupil, professeur de dessin et élève d'Horace Vernet.	1 50
Géométrie et Dessin linéaire familier, suivi du DESSIN D'APRÈS NATURE, SANS MAÎTRE, orné de 250 figures, par Goupil. 1 vol. in-8°.	2
Annuaire de la Photographie, Résumé des procédés les meilleurs pour la plaque métallique, le papier sec et humide, la glace albuminée ou collodionnée, la gravure héliographique, la lithographie, le cliché typographique, le stéréoscope, l'hélioplastie, l'amplification des images, la damasquinure, la photographie sur tissus, collodion sur toile cirée; avec l'indication des instruments nouveaux, par J.-B. Delestre. 1 vol. in-8°.	4
Photographie-ivoire, ou l'Art de faire des miniatures sans savoir ni peindre ni dessiner, par Pinot. 1 vol. in-8°.	6
Recueil d'Anatomie portatif à l'usage des artistes, par H. Poquet. 1 vol.	5
Manuel artistique et industriel, contenant les Traités de Dessin industriel, de Morphographie, des Ombres, Hachures et Estompes, etc., avec 22 planches d'étude.	1
Cours de Perspective, ou l'Orthographe des formes. 1 vol. in-8°, orné de planches.	1
L'Art de préparer les Plantes marines et d'eau douce, pour les conserver dans les collections d'histoire naturelle, et en former des Albums pour leur étude, etc. 1 vol. in-12.	1

LAGNY. — Typographie de A. VARIGAULT et Cie.

www.ingramcontent.com/pod-product-compliance
Lightning Source LLC
Chambersburg PA
CBHW050018230526
45470CB00003B/1017